STANISŁAW KLIMEK

TREBNITZ

Heiligtum der hl. Hedwig

Text von
P. ANTONI KIEŁBASA SDS

Bildnachweis:
Stanisław Klimek

Text:
P. Antoni Kiełbasa SDS

Bearbeitung der deutschsprachigen Ausgabe:
P. Maximilian Segener SDS

Bildunterschriften:
Romuald Kaczmarek und Jacek Witkowski

Übersetzung der Bildunterschriften:
Waldemar Könighaus

Redaktion:
Anna Kosmulska
Elżbieta Klimek

Auf der ersten Seite:
Ansicht Trebnitz' von Nordosten.
Lithographie von C. F. Stuckart aus dem Jahre 1819.

Die Abbildungen auf den Seiten 1, 3 und 7-16 stammen aus den Sammlungen der Universitätsbibliothek Breslau (Biblioteka Uniwersytecka we Wrocławiu).
Die Stiftungsurkunde und die Siegel von S. 6 werden im Staatsarchiv Breslau (Archiwum Państwowe we Wrocławiu) aufbewahrt.

© Wydawnictwo VIA NOVA 2002
50-077 Wrocław, ul. Kazimierza Wielkiego 39
Tel. (+48 71) 344-23-77; Fax (+48 71) 343-78-71
www.vianova.com.pl
ISBN 83-88649-47-7

Ansicht Trebnitz' vom Süden. Kolorierte Federzeichnung von F. B. Werner aus der Mitte des 18. Jahrhunderts.

ZUR GESCHICHTE DES KLOSTERS

Herzog Heinrich der Bärtige stiftete 1202 in Trebnitz ein Frauenkloster auf seinem *„eigenen Boden und auf eigene Rechnung"*. Besonderen Anteil an dieser Stiftung hatte allerdings die Gemahlin des Herzogs, die hl. Hedwig. Absicht der Herzogin war es, eine bis dahin in Schlesien noch nicht existierende Stätte religiöser Bildung für junge Mädchen zu schaffen, in der diese durch die ihnen dort vermittelte Erziehung auf ihre künftigen Lebensaufgaben vorbereitet werden konnten. Überdies sollten sich die Nonnen um Kranke, Wallfahrer und Waisenkinder kümmern. Die ersten Schwestern kamen aus dem Bamberger Benediktinerinnenkloster zu St. Maria und St. Theodor nach Schlesien. Bischof Cyprian von Breslau führte die Schwestern am 13. Januar 1203 in den neuen Konvent in Trebnitz ein. Die Nonnen bewohnten zuerst ein provisorisches Kloster, welches sich in der Nähe der Peterskirche befunden haben dürfte.

Fränkische Nonnen brachten liturgische Bücher und ihre eigenen Traditionen mit sich. Vorsteherin des neugegründeten Klosters wurde Petrissa, die einstige Erzieherin Hedwigs in Kitzingen. Seit 1232 stand dem Kloster die Tochter des Gründerpaares, Gertrud († 1268), als Äbtissin vor. Die Abtei in Trebnitz war das erste Frauenkloster auf polnischem Boden, das die Benediktsregel und die Zisterziensergewohnheiten befolgte.

Für das eigentliche Kloster und die Kirche wählte der Herzog ein vom Ortszentrum etwa 750 m entfernt liegendes Grundstück. Die Errichtung der Kirche und der Klostergebäude dauerte fast zwei Jahrzehnte, und wurde höchstwahrscheinlich im Jahre 1218 abgeschlossen. Mit der Übersiedlung in das neue Kloster nahm der Schwesternkonvent die Regel des Zisterzienserordens an, was bedeutete, dass die Schwestern fortan nicht mehr dem Abt zu Pforta, sondern dem Abt des Zisterzienserklosters Leubus unterstanden. Auf diese Weise wurden sie als erster Schwesternkonvent in Polen dem Zisterzienserorden angegliedert.

Das im 13. Jahrhundert errichtete Kloster war um die Hälfte kleiner als der gegenwärtige Gebäudekomplex. Nur wenig lässt sich über das Äußere der ursprünglichen Klostergebäude sagen. Zwar sind auf einem Klostersiegel aus dem Jahre 1234 Gebäude erkennbar, die wohl das Trebnitzer Kloster darstellen sollen, aber es ist zu bezweifeln, ob das im Wachs dargestellte Objekt der Wirklichkeit entsprochen habe.

Den Grundstein der heutigen Klostergebäude legte erst im Jahre 1697 die Äbtissin Katharina Pawłowska. Dieses Werk vollendete 1726 die Äbtissin Benedikta Marianna Biernacka. Die Arbeiten führte der Baumeister Johann Georg Kalkbrenner aus. Es entstand ein Gebäudeviereck von 115 m x 88 m, das auch zwei Innenhöfe umfasst. Die flache, durch Wandpfeiler gegliederte Vorderfront wird durch zwei stattliche Portale belebt. Die Portale wiederum finden in der dekorativen Bildhauerkunst eine ihnen entsprechende Ergänzung. Den Abschluss der Gebäude bilden zwei kleinere Seitenbauten mit kuppelartigen Dächern und Türmchen.

Als Bestandteil des neubegonnenen Klostergebäudes errichteten die Nonnen aus Ehrfurcht vor der Wirkungsstätte der hl. Hedwig im Innenhof des Kreuzgangs eine kleine Kapelle, die zum Symbol der ehemaligen Klosterzelle der Heiligen wurde. Die Aufhebung des Klosters durch die Säkularisation im Jahre 1810 führte dazu, dass in den Klosterräumen eine Tuchfabrik eingerichtet wurde, was wiederum – schon aus rein praktischen Gründen – eine Reihe von Umgestaltungsarbeiten bedingte, die 1837 selbst vor dem Abriss der sog. „Hedwigskapelle" nicht Halt machten. Gegenwärtig steht im Innenhof eine Figur der Schutzpatronin von Schlesien.

Das nördliche Portal, das den heutigen Klostereingang bildet, wurde im Jahre 1724 unter der Äbtissin Benedikta Marianna Biernacka erbaut. Es stellt die Muttergottes mit dem Jesuskind, die hl. Hedwig und deren Lehrerin Petrissa, die erste Äbtissin des Klosters in Trebnitz, dar. Auf Sockeln zu beiden Seiten der Treppenstufen stehen jeweils die Figuren der hl. Scholastika und der hl. Humbelina.

Vor der Basilika findet sich auf einer hohen Säule, welche im Jahre 1738 auf Veranlassung der Äbtissin Sophie Korycińska errichtet wurde, die Figur des hl. Johannes Nepomuk. Unter der Äbtissin Bernarda Paczyńska von Tenczyn entstanden auf der gegenüberliegenden Straßenseite Verwaltungsgebäude, mit deren Bau im Jahre 1754 begonnen wurde. Von diesen vormals drei Gebäuden wurde nur das ursprünglich mittlere nach dem Kriege wieder instand gesetzt und dient seit 1958 den Salvatorianern als Pfarr- und Ordenshaus.

Im Jahre 1810 erfolgte im Zuge der Säkularisation die Aufhebung des Klosters durch die preußische Regierung. In die verwüsteten Räume zogen zuerst weltliche Bewohner ein, bis dann im Jahre 1813 ein Gefangenenlager und später ein Lazarett in dem ehemaligen Kloster errichtet wurde (es war die Zeit der Befreiungskriege). Viele Soldaten starben hier an Typhus und fanden ihre letzte Ruhestätte in der mittelalterlichen Rotunde, der heutigen „Rotunde der fünf Tische" am Ende der ul. Grunwaldzka. Im Jahre 1817 ließ sich in einem Teil des Klostergebäudes eine Wollspinnerei nieder, die insgesamt 200 Arbeiter beschäftigte, jedoch schon 1857 durch den schwierigen und geringen Absatz der produzierten Ware gezwungen wurde, den Betrieb einzustellen. Durch weitere 13 Jahre hindurch standen die Räumlichkeiten leer, nur in wenigen einzelnen Räumen lebten einige Familien. Damit war das Kloster dem langsamen aber stetigen Verfall ausgeliefert. Erst in den schlesischen Malteserrittern fanden sich Retter des wertvollen Architekturdenkmals. Im Jahre 1870 wurde der Südflügel des Klosters von den Maltesern aufgekauft, um darin ein Lazarett zu errichten (es war die Zeit des Deutsch – Französischen Krieges).

Die Krankenpflege übernahmen die Barmherzigen Schwestern vom hl. Karl Borromäus, deren Kongregation im 17. Jahrhundert in der französischen Stadt Nancy gegründet worden war. 1848 hatte der Bischof von Breslau, Melchior Kardinal von Diepenbrock, in Prag ansässige Schwestern dieser Kongregation nach Neiße in Schlesien berufen. Schon 1861 kamen Borromäerinnen, wie die Schwestern allgemein genannt werden, von Neiße aus nach Trebnitz. Der Ortspfarrer Ignatz Tieffe hatte die Schwestern nach Trebnitz eingeladen, wo sie anfangs im Pfarrhaus wohnten, bis sie am 4.11.1861 in das Kloster übersiedelten, um dort einige Räume des Nordflügels zu bewohnen. 1889 erwarben die Schwestern von der Regierung das gesamte Objekt, was ihnen, im Zuge der neu aufgenommenen Renovierungsarbeiten, ermöglichte eine zweckmäßige Adaption durchzuführen. Gegenwärtig ist im Kloster das Mutterhaus der schlesischen Kongregation der Borromäerinnen untergebracht. Im Südflügel befand sich bis Ende 1999 das Städtische Krankenhaus. Mit Fertigstellung der chirurgischen Fachabteilung im neuen Krankenhaus in der ul. Prusicka haben die Borromäerinnen 1995 begonnen, in den frei gewordenen Räumlichkeiten des Klosters ein Altenpflegeheim für Frauen zu führen.

ZUR BEDEUTUNG DER KIRCHE

Die Hedwigsbasilika zu Trebnitz gehört zu den größten Bauten des 13. Jahrhunderts, die in Mitteleuropa noch erhalten sind.

Die Kirche ist im spätromanischen Stil über einem Grundriss in Form eines lateinischen Kreuzes erbaut. Ursprünglich besaß die Basilika an der Nordseite keinen Turm. Vom Atrium führten drei verzierte Portale ins Kircheninnere, von denen nur noch das Davidsportal auf der nördlichen Seite erhalten ist. Das Tageslicht fiel durch runde Fenster in das Mittel- und südliche Seitenschiff sowie durch längliche Fenster im nördlichen Seitenschiff, im Chorraum und im Querschiff. Über der Vierung erhob sich ein kleiner Turm.

Das Gotteshaus ist dreischiffig mit zwei Kapellen, die dem hl. Johannes dem Täufer, dem Patron der Stadt und des Bistums Breslau, und der hl. Hedwig geweiht sind. Anstelle der heutigen Hedwigskapelle befand sich anfänglich eine in Größe und Bauweise der Johanneskapelle entsprechende Kapelle zu Ehren des hl. Petrus, dem Stadtpatron von Trebnitz. Einschließlich der Hedwigskapelle hat die Kirche eine Länge von 80,40 m, ist im Langhaus 23,40 m breit und verfügt über ein Querschiff von 31,60 m; die Höhe des Mittelschiffes beträgt 19,20 m. Der heutige Turm hat einen quadratförmigen Grundriss von 10 m x 10 m.

Die Kirche wurde am 25. August 1219 eingeweiht. Im Laufe der Jahrhunderte sind immer wieder Neugestaltungen vorgenommen worden. Die erste erfolgte nach der Heiligsprechung der hl. Hedwig im Jahr 1267. Damals wurde die bis dahin bestehende Petruskapelle abgetragen und an deren Stelle die erste gotische Kapelle Polens errichtet, die der neuen Heiligen, der Schutzpatronin Schlesiens, geweiht wurde. Eine weitere wesentliche Umgestaltung brachte im 18. Jahrhundert die Verlegung des Nonnenchores aus dem Hauptschiff auf die Empore im Südflügel des Querschiffes. Im Zuge dieser Umgestaltungsarbeiten wurden die spätromanischen bzw. gotischen Portale mitsamt vieler Verzierungen entfernt bzw. zugemauert.

Die Krypta

Schon 1214 wurde die Krypta dem hl. Bartholomäus geweiht und bildet damit den ältesten Teil der Kirche. Im Steinfußboden befindet sich ein Epitaph des 1403 verstorbenen

Herzogs Konrad II. von Oels, doch schon in den vorhergehenden Jahren diente die Krypta als Grablege der schlesischen Linie der Piasten. Ihre Gebeine wurden später in den Untergrund der Hedwigskapelle übertragen. An der Nordseite der Krypta befindet sich ein inzwischen trockengelegter Brunnen, dessen Quellwasser als wundertätig galt. Erst vor kurzer Zeit wurde die Krypta mit einer benachbarten Totengruft verbunden. Hier wird eine interessante Sammlung romanischer und gotischer Bildhauerskulpturen, die während der Renovierungsarbeiten nach 1945 von verschiedenen Stellen des Klosters und der Kirche zusammengetragen wurde, dem Besucher dargeboten.

Das Presbyterium

Im Presbyterium ist ein 1938 wiederentdecktes gotisches Portal aus der Zeit um 1270 erhalten geblieben, welches in die benachbarte Hedwigskapelle hinüberführt. Das doppelseitig verzierte Portal zeigt auf der Seite des Presbyteriums ein mehrfarbiges Tympanon, welches die Kreuzigung Christi darstellt. Bedingt durch die barocke Ausschmückung des Presbyteriums, konnte dieses Tympanon nicht vollständig freigelegt werden. Daher ist es um so erfreulicher, dass die zur Hedwigskapelle weisende Seite des Portals wieder vollständig freigelegt werden konnte. Hier entfaltet sich die ganze Anmut des aus Sandstein geschaffenen Tympanons, welches die von zwei knienden Engeln umrahmte Krönung Mariens im Himmel durch Jesus Christus darstellt. Das Tympanon weist Spuren einer Polychromie auf.

Im Presbyterium steht ein Doppelsarkophag in einem bewusst altertümlichen Stil, der ca. 1685 von der Äbtissin Katharina Pawłowska gestiftet wurde. In ihm ruhen die Gebeine des Stifters des Klosters und der Kirche, des Herzogs Heinrich des Bärtigen, der am 19. März 1238 auf dem Schloss zu Krossen verstarb. Neben ihm ruhen die Gebeine des zehnten Hochmeisters des Deutschen Ordens, Konrad von Feuchtwangen, gestorben 1296. In die Amtszeit der aus Skałka Wostrowska stammenden Äbtissin Margarethe III. fällt die Errichtung des barocken Hochaltars, ein Werk des Künstlers Franz Josef Mangoldt. Von links nach rechts gesehen sind folgende Heilige dargestellt: St. Bartholomäus, Johannes der Täufer, Johannes der Evangelist und Judas Thaddäus. Das Gemälde in der Altarmitte zeigt die Aufnahme Mariens in den Himmel. Über dem wellenartigen Gesims befindet sich eine Darstellung der Hl. Dreifaltigkeit. Zwei riesengroße Gemälde an den Seitenwänden stellen den Tod der hl. Hedwig sowie ihre Tochter Gertrud (gest. 1268) mit den Insignien einer Äbtissin dar (Gertrud war ab 1232 zweite Äbtissin des Klosters Trebnitz). Alle diese Gemälde sind Arbeiten des niederländischen Meisters Phillip Christian van Bentum.

Das Hauptschiff

Vor dem Presbyterium stehen beiderseits auf Sockeln zwei Statuen, die in der ersten Hälfte des 18. Jahrhunderts (um 1739) ebenfalls von Franz Josef Mangoldt gefertigt wurden. Es sind Darstellungen der hl. Hedwig und ihrer Nichte, der hl. Elisabeth. An der Nordseite des Querschiffes befindet sich ein barocker Altar mit einem Kreuzigungsbild und zwei anbetenden Engeln aus der Zeit um 1740–50. Auf der gegenüberliegenden Seite, im Querschiff, hängt ein sehr großes Kreuz aus dem 15. Jahrhundert. Die Kanzel an der Nordwand im Mittelschiff ist ein weiteres Werk Mangoldts. Auf halber Höhe der Seitenpfeiler des Hauptschiffes ist eine Bilderreihe angebracht, die Szenen aus dem Leben der hl. Hedwig zum Inhalt hat. Diese Bilder stammen aus der zweiten Hälfte des 17. Jahrhunderts und werden dem schlesischen Maler Michael Willmann zugeschrieben. An den Pfeilern zwischen dem Mittelschiff und den Seitenschiffen befinden sich insgesamt 13 Seitenaltäre. Nach 1945 wurden zwei Bilder an den Seitenaltären angebracht, die die Gottesmutter von Tschenstochau und von Ostra Brama (Vilnius) darstellen.

Die Orgelempore

Über dem Kircheneingang befindet sich auf einer Empore die im Jahre 1903 von der Schweidnitzer Firma Schlag und Söhne erbaute Orgel, deren Prospekt nach einem Entwurf des Breslauer Baumeisters Hans Poelzig von der Kunstschule in Breslau gestaltet wurde. Nach der Renovierung verfügt die Orgel heute über 48 Register. Die Verzierung der Empore ist den barocken Mustern des Nonnenchores im Querschiff nachgestaltet.

Die Johanneskapelle

Die Johanneskapelle, zu Ehren Johannes des Täufers, behielt im wesentlichen ihr ursprüngliches Aussehen. Vor dem Barockaltar, der die romanische Apsis hinter sich verbirgt, steht in der Mitte eine ursprünglich für das Hedwigsgrab angefertigte Grabplatte, die in der ersten Hälfte des 18. Jahrhunderts zur Kennzeichnung jener Stelle, an der während der Errichtung der Hedwigskapelle die Reliquien der Heiligen verwahrt worden waren, hier aufgestellt wurde. Im Auftrag der letzten Äbtissin Dominika von Giller (gest. 1810) schuf der Maler Grund aus Bad Reinerz 1800 eine Polychromie mit Bildern aus dem Leben der hl. Hedwig. Die spätromanischen Gewölbe dieser Kapelle stellen Engel dar, die Ansichten jener Klöster

Siegel des Herzogs Heinrich I. des Bärtigen aus den Jahren 1202–1237.

Siegel der Herzogin Hedwig aus den Jahren 1208–1242.

Siegel des Trebnitzer Klosters aus dem Jahre 1234.

Stiftungsurkunde des Klosters Trebnitz, die am 28. Juni 1202 in Tschepine bei Breslau ausgestellt wurde.

tragen, welche ihre Gründung auf Heinrich den Bärtigen, den Gatten der hl. Hedwig, zurückführten. Auf halber Höhe sind schlesische Adler zu sehen, die ihre Federn verlieren – ein tiefsinniges Bild der ergreifenden Schicksale des schlesischen Landes.

Die Hedwigskapelle

Die Hedwigskapelle ist ein gemeinsames Werk der Tochter der schlesischen Landespatronin, der Äbtissin Gertrud aus Trebnitz und des Enkels, des Erzbischofs Ladislaus von Salzburg. Erbaut wurde die Kapelle in den Jahren 1268–75. Sie ist viel breiter als die ihr vorausgehende Kapelle zu Ehren des hl. Petrus und fast dreimal so lang. Die neu erschaffene Kapelle zu Ehren der hl. Hedwig ist die erste nach rein gotischen Gesichtspunkten durchgeführte Kirchenraumgestaltung im damaligen Polen.

Das Hedwigsgrab stammt in seiner jetzigen Form aus dem Jahr 1680. Die Grundelemente sind aus schwarzem Dembniker Marmor gearbeitet, die Einzelteile hingegen aus rosarotem Paczoltowitzer Marmor. Diese Arbeiten wurden in der Werkstatt des Martin Bielawski ausgeführt. Die Bildhauerarbeiten an den Sockeln fertigte, ebenso wie am Geländer, Franz Zeller an. Das hölzerne Schmuckwerk am Baldachin stammt aus der Werkstatt des Leubuser Schnitzers Matthias Steinl. Auf einem Epitaph an der östlichen Sarkophagbrüstung ist ein Brustbild der letzten Piastenfürstin Karoline (gest. 1707) von Liegnitz, Brieg und Wohlau, die nach ihrer Konversion zum Katholizismus in der Nähe der Landespatronin Schlesiens begraben werden wollte. Um das Jahr 1750 verfertigte der schon oftmals erwähnte Franz Josef Mangoldt die Alabasterfigur der hl. Hedwig.

Die Heiligenfiguren stellen den hl. Bernhard von Clairvaux und den hl. Benedikt dar, ihnen zugeordnet sind die hl. Humbelina und die hl. Scholastika. Die den Sockel säumenden Heiligenfiguren zeigen den hl. Leopold als Patron Österreichs, den hl. Josef als Patron Österreichs und Böhmens, den hl. Andreas als Patron Österreichs und Ungarns, den hl. Stanislaus, dessen Heiligsprechung die hl. Hedwig vorausgesehen hat, als Patron Polens, den hl. Johannes den Täufer und den hl. Vinzenz als Patrone der Erzdiözese Breslau, die hl. Apostel Petrus und Paulus sowie den hl. Johannes den Evangelisten als Patrone der Weltkirche und den hl. Rochus als Patron der Kranken und Notleidenden. Die Geländertür zeigt den Schlesischen Adler mit Krone und Band.

Den im Rokokostil ausgeführten Tabernakel schuf in den 30er Jahren des 20. Jahrhunderts die Firma Hans Schlicht aus Breslau. Der 1653 von der hiesigen Klosterfrau Margarethe Rayska gestiftete Hauptaltar wurde im 18. Jahrhundert unter

*Hedwig überredet ihren Gemahl,
Herzog Heinrich I. den Bärtigen, ein Kloster in Trebnitz zu stiften.
Hedwig führt die Nonnen aus Bamberg
in das Trebnitzer Kloster ein.
Federzeichnung aus dem Jahre 1451.*

der Äbtissin S. Korycińska weiter ausgebaut. Die Kanzel aus dem Jahre 1685 wird häufig „Polnische Kanzel" genannt, weil hier in polnischer Sprache gepredigt wurde. Dem Hedwigsgrab gegenüber steht ein barocker Äbtissinnenstuhl aus Nussbaumholz. Er wird von einer beeindruckenden Plastik geziert, die zeigt, wie Jesus Christus mit der vom Kreuz gelösten Hand die hl. Hedwig segnet. Als Pendant entspricht der hl. Hedwig ihre Tochter Gertrud, zweite Äbtissin des Klosters. Diese Arbeit stammt aus der zweiten Hälfte des 18. Jahrhunderts.

Weitere interessante Einzelheiten zur Basilika

Den westlichen Turm hat die Äbtissin Bernarda Paczyńska im Jahre 1789 nach einem Entwurf des Architekten Gottlieb Daene aus Breslau erbauen lassen. Der Turm misst 10 m x 10 m und besitzt drei Stockwerke. Das Turmdach, ein Kupferhelm, macht, im Profil betrachtet, einen leicht s-förmigen Eindruck und geht in einen achtseitigen Aufbau mit Kuppellaterne über, deren Abschluss in einem stilisierten Herzogshut besteht.

Das in den 20er Jahren des 13. Jahrhunderts entstandene Davidsportal im nördlichen Seitenschiff gilt als eines der herrlichsten Meisterwerke spätromanischer Bildhauerkunst. Im Tympanon sind plastische Darstellungen des auf einem altertümlichen Instrument spielenden Königs David, die Königin Bethsabee und eine Hofdame. Dieses im 18. Jahrhundert im Zuge der Umgestaltungsarbeiten zugemauerte Portal wurde erst 1935 wieder entdeckt.

Ein Marienportal befindet sich in der Mitte des nördlichen Querschiffes; zwischen den beiden Weltkriegen konnte es teilweise wiederhergestellt werden. Das Tympanon zeigt die Muttergottes mit dem Jesuskind, das von zwei Engeln verehrt wird. Hier befand sich vormals der Eingang für die Laien in den Kirchenraum. Bedingt durch eine Senkung des Straßenzuges im 19. Jahrhundert, liegt das Portal heute unnatürlich hoch.

Von Osten her gesehen bietet die Basilika einen kaum einheitlichen Anblick. Der gesamte Komplex wird von der gotischen Apsis der St. Hedwigskapelle überragt, wodurch das unproportional erhöhte Presbyterium kleiner wirkt. Den ältesten Bauabschnitt bildet die Apsis der St. Johanneskapelle.

DAS LEBEN DER HL. HEDWIG

„Eine in jeder Hinsicht ehrwürdige Frau"
(So nannte der Zisterziensermönch Caesarius von Heisterbach die hl. Hedwig von Schlesien noch zu ihren Lebzeiten, nämlich schon 1225.)

Die Herkunft der hl. Hedwig

Obwohl das Jahr, der Tag und der Ort des Todes der hl. Hedwig bekannt sind, der 14. Oktober 1243 in Trebnitz, ließ sich das genaue Datum und der Ort ihrer Geburt bislang nicht feststellen. Hedwig wurde, so müssen wir vermuten, zwischen 1174–1178 geboren, und zwar wahrscheinlich auf dem elterlichen Schloss Andechs in Bayern – erst in den Biographien, die ab dem 17. Jahrhundert erschienen sind, wird Schloss Andechs als Geburtsort angegeben.

Hedwigs Vater, Berthold VI. (gest. 1204), hat viele Reisen unternommen, auf denen ihn seine Gattin, Agnes von Meißen (gest. 1195), oft begleitet hat. Ebenso wird später auch seine Tochter Hedwig viel reisen: Wir wissen von ihr, dass sie nicht alle ihre sieben Kinder auf dem Schloss in Breslau geboren hat.

Die Jahre der Kindheit hat Hedwig innerhalb der Familie in Andechs verbracht. Mit fünf Jahren kam sie in die Schule der Benediktinerinnenabtei Kitzingen bei Würzburg. Hier lernte sie neben Lesen und Schreiben auch die lateinische Sprache, was ihr half, eine große Liebe zur Heiligen Schrift zu entwickeln. Diese Liebe zur Heiligen Schrift wurde durch das Vorbild des hl. Bernhard von Clairvaux (ca.1090–1153) genährt. Durch die Zeit in der Klosterschule erschloss sich ihr die Erhabenheit der Liturgie, weshalb ihr die hl. Messe zeitlebens wertvoll bleiben sollte.

Neben der religiös-spirituellen Prägung und der schulischen Erziehung erhielt Hedwig eine Einführung in verschiedene praktische Fertigkeiten: Das kunstvolle Malen schöner Initialen beim Abschreiben alter Handschriften oder das Anfertigen feiner Stickereien oder – was später für ihre sozialen und karitativen Werke wichtig werden sollte – das Erkennen verschiedener Heilkräuter und das Wissen um deren vielseitige Anwendung in der Pflege der Kranken. Es ist zu vermuten, dass die etwas älteren Schülerinnen nach und nach mit der Betreuung der Kranken vertraut gemacht wurden.

Sehr gerne wäre Hedwig in Kitzingen geblieben, um später in der Abtei Benediktinerin zu werden. Doch sie kehrte als zwölfjähriges Mädchen aus Kitzingen nach Hause zurück, weil der Wille der Eltern sie als Ehegattin für Toljjena Tohu, den Sohn Mirosłavs von Westserbien bestimmte. Da sich die Ehepläne mit dem südslawischen Herrscher aufgrund politischer Umstände zerschlugen, wandten sich die Andechser an die westslawischen Piasten. Im Geschlecht der Mutter Hedwigs, Agnes von Meißen, gab es seit einer Reihe von Generationen Ehen mit Töchtern der Piasten und russischen Herzögen.

Hedwig – Herzogin von Schlesien und Polen

Hedwig kam als Zwölfjährige an den Hof Boleslaus des Großen, des Herzogs von Schlesien (gest. 1201), um dessen dritten Sohn Heinrich zu heiraten. Heinrich war nur wenig älter als Hedwig und wurde ihr in kurzer Zeit sympathisch, so dass Hedwig die Pläne der Eltern innerlich bejahen konnte. Es entsprach dem Wunsche der Eltern Hedwigs, dass Heinrich allein und vor seinen Brüdern die Herrschergewalt über das ungeteilte Herzogtum Schlesien übertragen bekommen sollte. Nach dem Tode Boleslaus' am 8. Dezember 1201 trat Heinrich das Erbe seines Vaters an. Zu diesem Zeitpunkt war Hedwig bereits Mutter mehrerer Kinder, von denen drei schon sehr früh starben. Nur drei ihrer Kinder, Gertrud, Heinrich und Konrad, erreichten das volle Erwachsenenalter. Ihr letztes Kind, das siebte, wurde 1208 geboren. Da es schon kurz nach der Geburt starb, kennen wir seinen Namen nicht. Die christliche Erziehung ihrer Kinder war Hedwig ein wichtiges Anliegen, dem sie ihre ganze Kraft widmete. Als die Kinder größer wurden weiteten sich auch ihre Tätigkeitsfelder, und ihr Einfluss auf andere Gebiete nahm zu. Sie wurde immer mehr zu einer echten Mutter des gesamten Schlesien. Ihr vorrangiges Interesse galt den Armen und Kranken. Für alle, die keinen Helfer hatten, fühlte sie sich als deren Herzogin verantwortlich, weshalb es sie unablässig zu immer neuen karitativen Werken drängte. Nach Erfüllung der Erziehungspflichten bemühte sie sich, getragen vom Geiste der Enthaltsamkeit und dem Vorbild anderer Ehefrauen, um das Einverständnis und die Zustimmung ihres Gatten Heinrich zu einem zwar gemeinsamen, aber doch enthaltsamen Leben. Diese Absicht haben Hedwig und Heinrich schließlich gemeinsam durch ein feierliches Gelübde vor Bischof Laurentius im Dom zu Breslau ausgesprochen. Damit war Hedwig die Möglichkeit eröffnet, sich in noch stärkerem Maße religiös-karitativer Aufgaben anzunehmen. Zusammen mit Heinrich schuf sie neue karitative Einrichtungen und baute frühere Stiftungen weiter aus. Dabei genoss sie im größtmöglichen Maße die Unterstützung ihres Mannes: viele der zahlreichen Stiftungen Herzog Heinrichs gehen letztlich auf die Anregung Hedwigs zurück.

Die Zisterzienserinnenabtei in Trebnitz war das Lieblingswerk Hedwigs. Als Hedwig nach Schlesien kam, musste sie feststellen, dass es dort bislang nur Männerklöster gab. So wurde die Abtei 1202 von Heinrich auf ihre Anregung hin als erster Frauenkonvent in Schlesien gestiftet. Nach dem Tode ihres Gatten 1238 verbrachte Hedwig die letzten Jahre ihres Lebens zumeist im Kloster in Trebnitz. Zeitlebens nahm sie aktiven Anteil am politischen Leben des Landes und auch Europas. Obwohl die Nachrichten über die politischen Wirrnisse um ihr elterliches Haus Andechs ihr viel Schmerz und Sorge bereitet hatten, besaß sie immer genügend Energie, ihrem Gatten im Ringen um den Erhalt des Friedens helfend beizustehen. Nicht zuletzt deshalb hat Heinrich sie immer geschätzt und geehrt. Hedwig starb am 14. Oktober 1243 nach der Komplet im Kloster in Trebnitz und wurde in der Klosterkirche beigesetzt. 1267 erfolgte ihre Heiligsprechung.

Hedwig wird ihre an Demut und Nächstenliebe orientierte Lebensführung bestimmt auch als Sühne für das moralisch entwurzelte Leben ihrer Schwestern Agnes und Gertrud verstanden haben. Agnes (gest. 1201) lebte zeitweise mit dem französischen König Philipp II. (1180–1223) im Konkubinat zusammen. Gertrud, Gattin des Königs von Ungarn und Mutter der hl. Elisabeth von Thüringen, wurde wegen ihres selbstherrlichen und ungerechten Regierungsstiles 1213 von den eigenen Untertanen ermordet.

Hedwig besucht und speist Kranke und gibt Armen Almosen. Federzeichnung aus dem Jahre 1451.

Hedwig – ein Lebensweg als Weg zur Heiligkeit

Die Beharrlichkeit in Widrigkeiten, die Bereitschaft, sich neuen Aufgaben zu stellen oder die Geduld im Wiederaufbau verlorengegangener früherer Werke und Stiftungen, sowie letztlich auch den gesegneten Erfolg in ihren Taten, verdankt Hedwig ihrem intensiven inneren Leben. Die erhaltenen Quellen widmen deshalb der Beschreibung ihres Gebetslebens breiten Raum. Das nach außen hin sichtbare Wirken der hl. Hedwig ist untrennbar mit ihrem geistlichen Leben verbunden. Hedwigs apostolische Werke können nur durch Blick auf ihren geistlichen Werdegang angemessen verstanden werden.

Nach Maßgabe der ihr vertrauten Vorbilder war Hedwig stets bemüht, ihre persönliche Spiritualität herauszubilden. Sie fühlte sich, von Kitzingen her, sehr von der benediktinisch-zisterziensischen Frömmigkeit angezogen. Diese betont die Notwendigkeit und Verpflichtung der Selbstheiligung des einzelnen sehr stark, weniger die nach außen dringenden Werke.

Bereits in der Klosterschule in Kitzingen interessierte sie sich sehr für die Bibel. Durch die regelmäßige Betrachtung der Heiligen Schrift empfing sie zeitlebens zahlreiche Gnaden und geistliche Hilfen. Für den herzoglichen Hof ordnete sie an, zu den Mahlzeiten nach dem Vorbild der Orden aus den Heiligenbiographien vorzulesen. Sie selbst las den übrigen Hausbewohnern am Hof aus der Bibel vor.

Gott, der Herr, hat seinem Volke neben der Bibel noch ein anderes Buch gegeben, dessen Inhalt wir betrachten und aus dessen Lehre wir schöpfen können: Das, was uns in der Natur der Welt, dem Werk des Schöpfers, begegnet. Hedwig interessierte sich sehr für die Natur, die Gott erschaffen hat. Sie konnte in diesem ausgezeichneten Buch lesen und es auch betrachten.

Der Kontakt Hedwigs mit den Franziskanern, die zu Beginn des 13. Jahrhunderts nach Breslau gekommen waren, hatte ihr sicher neue Impulse gebracht. Ihr dritter Beichtvater, Pater Herbord, über den uns ihre Biographien am meisten mitteilen, war Franziskaner. Der Einfluss dieses neuen Bettelordens zeigt sich, ähnlich dem der Prämonstratenser, in den apostolischen Werken Hedwigs und der Art, wie Hedwig sich selbst an deren Ausführung beteiligte. Die erwähnten Orden – und dazu müssen noch die Dominikaner gezählt werden – halfen der hl. Hedwig, den Weg zu den sogenannten »einfachen Leuten« zu finden. Die Ordensbrüder machten die Herzogin auf die Kranken aufmerksam, die sie irgendwo gesehen hatten. Daraufhin nahm sich die hl. Hedwig ihrer an und ergänzte so die Seelsorge der Priester durch ihre eigenen konkreten Werke der Barmherzigkeit.

Die Haltung der hl. Hedwig wie auch die Haltung ihrer Nichte, der hl. Elisabeth von Thüringen, vereinigt in idealer Weise das tätige Leben (Vita activa) mit dem Gebetsleben (Vita contemplativa). Die »Vita sanctae Hedwigis« widmet in der Darlegung der unterschiedlichen Aspekte des Gebetslebens der hl. Hedwig ihrer eucharistischen Frömmigkeit den weitesten Raum. Ihr Beichtvater Pater Herbord schreibt: „Welche Andacht zum Allerheiligsten Sakrament des Leibes des Herrn sie besaß und mit welchem Glauben Hedwig an der hl. Messe teilnahm, dies zu beschreiben ist kein Mensch je imstande. Hielt sich ein reisender Priester als Gast am Hof auf, so bat Hedwig ihn, für sie die hl. Messe zu zelebrieren. An jeder dieser hl. Messen nahm sie mit größter Andacht teil."

Die »Vita sanctae Hedwigis« überliefert in diesem Zusammenhang ein anonym verfasstes Spottgedicht, das sich über den häufigen Messbesuch der Herzogin lustig machen möchte, wobei es aber ungewollt zu einem beredten Zeugnis für die eucharistische Frömmigkeit Hedwigs geworden ist: „In sola missa non est contenta ducissa, quod est presbiteri, missa tot oportet haberi." (Mit einer einzigen Messe ist die Herzogin nicht zufrieden, so viele Messen als es Priester gibt, müssen gehalten werden.)

Neben der Eucharistie fühlte sich Hedwig auch sehr zum leidenden Herren hingezogen. „In tiefer Ergebenheit hat sie oft die Leiden des Herrn betrachtet" – berichtet uns die „Vita sanctae Hedwigis" – worin sie ihrem großen Vorbild und Lehrer, Bernhard von Clairvaux, nachzufolgen versuchte. In der Tradition des Klosters Trebnitz wird überliefert, dass sie lange vor dem Gekreuzigten betete und sich manchmal sogar die ganze Nacht in der Kirche einschließen ließ, um ungestört beten zu können. Die Überlieferung spricht von zwei Nonnen, Gaudentia und Eugenia, die wissen wollten, wie sich die hl. Hedwig während des unbeobachteten Gebetes verhielt. Deshalb haben sich die beiden in der Klosterkirche versteckt, um die Herzogin zu beobachten. Sie sahen, wie sie sich vor dem zur Ehre der Muttergottes gestifteten Altar niederlegte und in einfacher Weise dem Schöpfer aller Dinge dankte. Es hing dort ein großes Kreuz, daran der Erlöser mit weit ausgestreckten Armen. Als Hedwig, wie es ihrer Gewohnheit entsprach, auf Knien betete, löste der Gekreuzigte seinen rechten Arm vom Holz des Kreuzes und beugte sich vor. Er segnete Hedwig und es ließ sich eine klare Stimme vernehmen: „Dein Gebet ist erhört worden und Du wirst empfangen, worum Du gebetet hast." An jener Stelle der Klosterkirche befindet sich heute ein Altar mit einem Bild, welches diese Szene darstellt. Es gibt bis heute eine Steinplatte mit der Inschrift „In hoc loco benedixit Christus ex cruce St. Hedvigem" (An diesem Ort segnete Christus vom Kreuze herab die hl. Hedwig). Dieses Motiv ist in der Ikonographie Hedwigs oft dargestellt, erstmals sogar schon im 14. Jahrhundert.

Von zu Hause und auch aus Kitzingen kannte Hedwig die besondere Verehrung der Mutter Gottes und der Heiligen. „Da sie" – so lesen wir in der „Vita sanctae Hedwigis" – „wie es sich geziemt, die Mutter Gottes in der Mitte aller Heiligen besonders liebte, trug sie immer eine kleine Marienfigur bei sich. Diese Figur holte sie oft unter ihrer Kleidung hervor und hielt sie in den Händen, um sie anzuschauen und sich im liebevollen und ungeheuchelten Blicken auf die Figur leichter in noch tiefere Liebe zu Maria zu entzünden."

Mit dieser Figur segnete sie auch die Kranken, die daraufhin gesund wurden. Zum Zeitpunkt ihres Todes, sie starb am 14. Oktober 1243 nach der Komplet, hielt Hedwig diese Figur so fest in ihrer linken Hand, dass sie ihr nicht aus den Fingern herausgelöst werden konnte. Als nach Jahren das Grab zur Heiligsprechung geöffnet wurde, waren die drei Finger, mit denen sie noch immer die Figur festhielt, unversehrt.

Von allen Heiligen Gottes bat Hedwig besonders die hl. Maria Magdalena, die hl. Katharina von Alexandrien, die hl. Thekla und die hl. Ursula um ihre Fürsprache bei Gott. Während ihrer letzten Krankheit haben diese genannten Heiligen sie besucht, und wie die Zeugen erzählen, sprach Hedwig mit ihnen.

Das Leben Hedwigs kennzeichnete sich durch ihre Geduld aus: „In allem wollte sie sich dem Willen Gottes unterstellen." Ihre Geduld ermöglichte es ihr, im Gehorsam Gott gegenüber immer wieder ihr Kreuz zu tragen – wie z. B. den Verlust ihrer nächsten Angehörigen oder die Zerstörung religiös-karitativer Werke, die sie oder auch ihr Gatte gestiftet hatte, durch den

Einfall der Tataren. Ihre innere Stärke zeigt sich besonders in dem Gebet, das sie formulierte, als ihr die Nachricht vom Tode ihres Sohnes Heinrich, der am 9. April. 1241 in der Schlacht gegen die Tataren bei Liegnitz umkam, überbracht worden war: „Ich danke Dir, Herr, dass Du mir einen solchen Sohn gegeben hast, der mich sein ganzes Leben hindurch geliebt und geachtet hat; nie hat er mich in irgendeiner Weise betrübt." Heinrich war nach dem Tode seines Vaters 1238 Herzog geworden, regierte also nur drei Jahre, vom Volk wurde ihm der Beiname „der Fromme" gegeben.

Nach dem Beispiel des hl. Bernhard von Clairvaux führte Hedwig ein strenges, von Buße und Sühne geprägtes Leben. In der Betrachtung der Fastenvorschriften war sie derart streng mit sich selbst, dass ihre Gefährtinnen sich wunderten, weshalb sie nicht verhungerte. Hedwigs Schwiegertochter, Fürstin Anna, die Gattin ihres Sohnes Heinrich, war es, die Hedwigs strenge Lebensweise am besten kannte. Sie bekennt: „Obwohl ich das Leben vieler Heiliger kenne, eine Strenge, die größer (als die Strenge Hedwigs) oder ihr auch nur ähnlich wäre, kenne ich nicht."

Immer wieder ersann sie neue Werke der Abtötung. Ein Beispiel aus der „Vita sanctae Hedwigis" mag dies verdeutlichen: „Da sie dieselbe Nahrung zu sich nehmen wollte, welche die Armen zu essen hatten, beauftragte sie zwei arme Frauen, jede Woche abwechselnd zur Pforte des Zisterzienserklosters Leubus zu gehen, um ihr zu bringen, was ihnen an erbettelten Speisen, an Brot und Käse, geschenkt worden war." Hedwig kämpfte deshalb mit großer Anstrengung gegen die ihr innewohnenden Regungen des Stolzes, weil sie von solch edler Abstammung und hohen Standes war und sich daher nun bewusst bescheiden wollte.

Ihre persönliche Frömmigkeit war mit einem großen Respekt vor Priestern und der gesamten Geistlichkeit verbunden. Obwohl ihr dies als Herzogin zustand, setzte sie sich bei Tisch nicht als erste nieder, sondern wartete, bis der Priester, der für sie die hl. Messe gelesen hatte und von ihr zu Tisch geladen worden war, sich setzte. Besondere Ehrfurcht empfand sie gegenüber allen Bischöfen, besonders natürlich gegenüber ihrem Diözesanbischof. Von daher wird deutlich, wie schmerzlich sie den Streit ihres Gatten und ihres Sohnes mit der Kirche empfunden haben muss. Wann immer sie nur konnte, bemühte sie sich, Streitigkeiten vorzubeugen. Sie versuchte, im Streit zu vermitteln, indem sie die Streitpunkte den unterschiedlichen Seiten vermittelnd darlegte, um das Streitpotential zu mindern und einander milder zu stimmen.

ZUR GESCHICHTE DER STADT TREBNITZ

Vielfach durchgeführte archäologische Untersuchungen in Trebnitz zeigen, dass hier schon im 5. Jahrhundert n. Chr. eine slawische Siedlung bestand. Der Ortsname stammt wahrscheinlich von „trzebienie", was in etwa soviel wie „eine Wildnis roden" bedeutet.

Der älteste Quellennachweis über eine Marktsiedlung in Trebnitz stammt aus dem Jahre 1138. Der erste Eigentümer der Trebnitzer Güter war der Großgrundbesitzer Peter Wlast, der am nördlichen Siedlungsrand eine Kapelle erbaute und diese dem hl. Petrus weihen ließ. Noch im Jahre 1202 schenkte Herzog Heinrich der Bärtige eine ebenfalls dem hl. Petrus geweihte Pfarrkirche mitsamt dem dazugehörigen Kirchenzehnt dem zuvor von ihm gestifteten Kloster Trebnitz.

Anfang des 13. Jahrhunderts begann die stetige Entwicklung der heutigen Altstadt zu einem Stadtzentrum. Im Jahre 1250 erfuhr Trebnitz die Erneuerung des Stadtrechtes gemäß des Rechtes der Stadt Neumarkt in Schlesien. Die Oberherrschaft über die Stadt und die sie umgebenden Güter übernahm das (von Heinrich I. gegründete) Kloster. Schon 1257 konnte die reiche und aufblühende Stadt das Schulzenamt von der Äbtissin Gertrud, der Tochter Heinrichs I. und der hl. Hedwig, käuflich erwerben. Eine kluge Klosterverwaltung unterstützte die Entwicklung des Handwerks und auch des Handels in der Stadt und ihrer Umgebung.

Im 14. Jahrhundert befand sich Trebnitz im Herrschaftsbereich des 1320 errichteten Herzogtums Oels. In der Zeit der Hussitenkriege wurde die Stadt im Jahre 1432 durch Feuer fast völlig zerstört und schon 1464, erst teilweise wiederaufgebaut, erneut Opfer eines Brandes. Der Durchmarsch der Kriegsheere König Matthias Corvinus im Jahr 1475 brachte dann neue große Verluste für die Stadt. Als Schlesien 1526 unter die Herrschaft der Habsburger gelangte, ergaben sich für Trebnitz günstigere Zeiten. Die von Anfang an aus bodenständigen Polen bestehende Bürgerschaft ließ sich erst seit dem 14. Jahrhundert zunehmend von Tschechen und Deutschen beeinflussen. Im 16. Jahrhundert wurde Trebnitz in die lutherische Bewegung mit einbezogen. Im Jahre 1525 wurde für die katholische Pfarrkirche St. Peter erstmals ein protestantischer Geistlicher eingesetzt. Der Dreißigjährige Krieg brachte Trebnitz katastrophale Plünderungen, Brände und drückende Kriegslasten. Nach dem Westfälischen Frieden von 1648 gelang es der Stadt, sich langsam aus den Ruinen zu erheben. Die Äbtissin Sophie Korycińska ließ ein neues Rathaus bauen, welches das vorherige an Größe und Ansehnlichkeit übertraf. Im Jahre 1776 zählte die Stadt 1.974 Einwohner und galt als Zentrum des Spinngewerbes.

Pilger wandern zum Grab der hl. Hedwig in Trebnitz. Federzeichnung aus dem Jahre 1451.

In der Zeit der Schlesischen Kriege in der Mitte des 18. Jahrhunderts hatte Trebnitz erneut größere Verluste zu tragen. Auch der Durchmarsch des französischen Heeres zu Beginn des 19. Jahrhunderts hemmte die wirtschaftliche Entwicklung der Stadt. Es gelang der Stadt aber immer wieder, sich recht bald von den sie heimsuchenden Beeinträchtigungen zu erholen – 1840 zählte Trebnitz insgesamt 4.053 Einwohner. Der sich schnell entwickelnde Handel und das erstarkende Handwerk wirkten sich positiv auf das Bauwesen aus. So erfuhr z. B. das zur Ruine gewordene Rathaus im Jahre 1868 einen Umbau. Im Jahre 1886 erhielt Trebnitz eine Eisenbahnverbindung mit Breslau und 10 Jahre später eine durchgehende Kleinbahnlinie zwischen Breslau und Schimmerau. Auch ein eigenes Elektrizitätswerk wurde im Jahre 1897 fertiggestellt, im Jahr 1910 das Gaswerk. 1910 hatte Trebnitz genau 7.679 Einwohner. Ab der Mitte des 19. Jahrhunderts datiert ein stetiger Zuwachs an Einwohnern. Als in Schlesien im Jahre 1866 eine Choleraepidemie wütete, suchten viele der reicheren Bürger in den von der Epidemie verschont gebliebenen Städten Trebnitz und Obernigk Zuflucht.

Das im Jahre 1888 angelegte Kurbad diente in erster Linie der Behandlung rheumatischer Erkrankungen. Durch ihre mikroklimatische Lage und die besonders herrliche Landschaft erlangte Trebnitz stetig wachsendes Ansehen, was eine Vergrößerung sowohl der Einwohnerzahlen als auch der Stadtfläche zur Folge hatte – 1939 zählte Trebnitz schon 8.500 Einwohner.

Gegen Ende des zweiten Weltkrieges erreichten am 25. Januar 1945 die ersten sowjetischen Soldaten Trebnitz, und das 27. Infanteriekorps, welches Generalmajor Filip Czerokmanow unterstand und zum linken Flügelverband der 13. Armee der 1. ukrainischen Front gehörte, besetzte in den folgenden Tagen die inzwischen fast gänzlich evakuierte Stadt. Kampfhandlungen im engeren Sinne fanden nicht statt, dennoch wurden zahlreiche Häuser durch Feuer teilweise oder auch – besonders in der näheren Umgebung des Rathauses – gänzlich vernichtet.

Die ersten polnischen Soldaten erreichten Trebnitz erst am 25. März 1945. Sie verteilten sich in den folgenden Tagen über das Katzengebirge und bezogen in den Ortschaften der Umgebung Quartier. Indem Divisionsgeneral Karol Świerczewski mit seinem Armeestab in einem Wohnhaus in der damaligen Bergstraße (heute ul. Przodowników Pracy 14) Quartier nahm, wurde Trebnitz zum Sitz des Befehlshabers der II. Polnischen Armee.

Ebenfalls in Trebnitz amtierte vom 26. April bis 10. Juni 1945 das neugeschaffene „Niederschlesische Wojewodschaftsamt", welches in einem Haus in der damaligen Breslauer Straße (heute ul. ks. W. Bochenka 7) untergebracht war.

Im Oktober 1945 beging die Stadt Trebnitz hochfestlich das erste polnische Hedwigsfest. Während dieser Festlichkeit wurde der erste polnische Ordinarius für die Erzdiözese Breslau, der Apostolische Administrator, Dr. Karol Milik, feierlich eingeführt. Seit August 1945 betreuen die Salvatorianer die Wallfahrtsseelsorge am Grab der schlesischen Landespatronin, der hl. Hedwig.

In den Nachkriegsjahren wurde Trebnitz wiederaufgebaut. Gegenwärtig zählt die Stadt 11.005 Einwohner und ist mit allen wichtigen geschäftlichen Wirkungsstätten versehen. Eine chirurgische Ärztegruppe im hiesigen Krankenhaus hat sich seit vielen Jahren auf die Reimplantation von Händen und Armen spezialisiert. Die frühere Kuranlage wurde 1951 zu einem orthopädischen Rehabilitationszentrum umgestaltet, in dem Erkrankungen des Bewegungsapparats von Kindern und Jugendlichen

Ankunft der Gesandten, die die Kanonisationsbulle Papst Clemens' IV. vom 26. März 1267 mitbringen. Federzeichnung aus dem Jahre 1451.

behandelt werden. 1993 konnte die chirurgische Fachabteilung des neuen Krankenhauses in der Prusicka Straße eingerichtet werden. Im Zuge der groß angelegten Planung eines neuen Krankenhauses konnten im Januar 2000 auch die übrigen Fachstationen aus dem Klostergebäude der Borromäerinnen in den modernen und zeitgerechten Neubau umziehen.

Durch die Ansiedlung der Stadt- und Kreisbehörden bildet Trebnitz das verwaltungspolitische Oberzentrum der umliegenden Region, in dem sich neben mehreren Volksschulen, einem Gymnasium, einem Lyzeum und unterschiedlichen Berufsschulen auch kulturelle Einrichtungen sowie diverse Freizeit-, Sport- und Erholungsstätten befinden. Neben der Verwaltung ist Trebnitz auch bedeutendes Handelszentrum der Region: Holz-, Metall-, Lebensmittel- und Mineralindustrie sind wichtige Arbeitgeber.

Dank der Lage zwischen den schönen Bergeshöhen ist Trebnitz außerdem ein Ziel für Urlauber und Touristen. Nicht unerhebliche Bedeutung besitzt Trebnitz als Wallfahrtsort. Viele Pilgergruppen aus dem In- und Ausland besuchen die Basilika, um am Grab der hl. Hedwig zu beten.

EINIGE WEITERE SEHENSWÜRDIGKEITEN IN UND UM TREBNITZ

Die Stadtpfarrkirche St. Peter

Die Stadtpfarrkirche St. Peter lässt sich zwischen den Straßen Lipowa, Kościelna und Michała Drzymały finden. Es handelt sich um einen neugotischen Bau aus der zweiten Hälfte des 19. Jahrhunderts; von einem früheren Bau blieb nur der Turm mit einigen angrenzenden Wänden erhalten. Schon vom 13. bis zum 16. Jahrhundert befand sich an dieser Stelle eine katholische Kirche, die im Zuge der Reformation der neu sich gebildeten protestantischen Gemeinde zugesprochen wurde. In Folge der Evakuierung der deutschen Bevölkerung während der letzten Kriegsmonate und des sich anschließenden Bevölkerungsaustausches verlor sich die protestantische Kirchengemeinde – die Kirche wurde zweckentfremdet und während der kommunistischen Zeit vom Staat als Lagerraum genutzt. Erst 1987 kam das inzwischen stark verfallene Gebäude in den Besitz der römisch-katholischen Pfarrgemeinde und musste mühsam renoviert werden. Der damaligen Dechant, der Salvatorianerpater W. Bochenek setzte sich erfolgreich für die dringend notwendigen Renovierungsarbeiten ein, so dass die Kirche am 6.12.1998 durch den Erzbischof von Breslau, Henryk Kardinal Gulbinowicz, konsekriert werden konnte. Knapp ein halbes Jahr später, am 25.06.1999, wird die neue Pfarrgemeinde St. Peter und Paul errichtet.

Ansicht Trebnitz' aus der Vogelperspektive. Kolorierte Federzeichnung von F. B. Werner aus der Mitte des 18. Jahrhunderts.

Die Einsiedelei

Die Einsiedelei im Buchenwald: Folgende Straßen führen von der Innenstadt zur Einsiedelei: ks. W. Bochenka, 1 Maja und Leśna. Dort befinden sich neben dem Einsiedlerhaus eine den Vierzehn Nothelfern geweihte Kirche, eine Grotte der Gottesmutter von Lourdes und auf den Anhöhen des Waldes aufgestellte Kreuzwegstationen, die den Pilger den Weg zur Einsiedelei hinaufführen. Historische Einzelheiten und Gottesdienstzeiten sind am Ort zu erfahren.

Die „Rotunde der fünf Tische"

Die „Rotunde der fünf Tische" liegt östlich des Klostergebäudes am Ende der Grunwaldzka Straße. Verschiedene Vermutungen über ihre ursprüngliche Bestimmung sprechen von einer Zufluchtsstätte für Pilger, einem Krankenhaus oder auch einer Pflegestätte für Aussätzige.

Das kleine Kapellchen zu Ehren der hl. Hedwig

Die kleine Kapelle an der Straße nach Breslau wurde zur Erinnerung an den Ort errichtet, an dem die hl. Hedwig auf ihren Reisen von Breslau nach Trebnitz Rast machte.

Der Friedhof

Der Friedhof an der Prusicka Straße wurde im Jahr 1914 eingeweiht. Die Kapelle zu Ehren des hl. Josef entstand im Jahr 1931. In den letzten Jahren erfuhr der Friedhof eine bedeutende Vergrößerung. Es wurde an der Obornicka Straße ein neuer Friedhof angelegt.

Der Kastellplatz

Am Zusammenlauf der Straßen Mlynarska und Marcinkowska sind noch Reste eines mittelalterlichen Burgkastells, das von den Hussiten im Jahre 1432 niedergebrannt wurde, erhalten.

KALENDARIUM

1138	—	ältester Nachweis über eine Marktsiedlung in Trebnitz.
1202	—	stiftet Herzog Heinrich I. der Bärtige auf Bitten seiner Gemahlin Hedwig in Trebnitz auf seinem „eigenen Boden und auf eigene Rechnung" das erste Frauenkloster in Schlesien.
13. Januar 1203	—	Bischof Cyprian von Breslau schließt die klösterliche Klausur. Die ersten Nonnen kommen aus Bamberg, wo Hedwigs Bruder Ekbert zu jener Zeit Bischof war.
1214	—	wird die romanische Krypta, ältester Teil der gesamten Klosteranlage, fertiggestellt und dem hl. Bartholomäus, dem Patron der schlesischen Piasten, geweiht.
1218	—	werden die Bauarbeiten zur Errichtung des Klosters abgeschlossen. Die Nonnen, die bislang noch dem Abt von Pforta unterstanden, werden nun dem Abt von Leubus unterstellt.
25. August 1219	—	Weihe der im spätromanischen Stil eines lateinischen Kreuzes erbauten dreischiffigen Klosterkirche. Kirchenpatron ist der hl. Bartholomäus. Die beiden Seitenkapellen werden dem hl. Johannes dem Täufer, dem Patron der Diözese Breslau, bzw. dem hl. Petrus, dem Stadtpatron von Trebnitz, geweiht.
19. März 1238	—	Herzog Heinrich I. stirbt auf Schloss Krossen an der Oder. Er wird im südlichen Flügel des Querschiffes der Klosterkirche in Trebnitz beigesetzt, heute befindet sich sein Grab im Presbyterium.
14. Oktober 1243	—	Herzogin Hedwig stirbt in Trebnitz und wird in der Petruskapelle der Klosterkirche beigesetzt.
26. März 1267	—	Hedwig wird von Papst Clemens IV. in Viterbo heiliggesprochen. Am 25. August wird die Heiligsprechung in Trebnitz feierlich begangen.
1268	—	wird die Petruskapelle abgetragen und an ihrer Stelle die gotische Hedwigskapelle errichtet. Während der Bauzeit wurde das Hedwigsgrab vorübergehend in die Johanneskapelle verlegt.
1269	—	findet Hedwig nach Abschluss der Bauarbeiten in der neuen Hedwigskapelle ihre letzte Ruhestätte.
im 15. u.16. Jh.	—	muss die Stadt eine Reihe von Unglücken in Form von Feuersbrünsten, Plünderungen und auch Seuchen hinnehmen. Das abgebrannte Kloster wird neu errichtet. Gegen Ende des 17. Jh. beginnen wesentliche barocke Umgestaltungen in der Kirche. Die spätromanischen Portale werden entfernt oder zugemauert.
1680	—	wird der aus der Werkstatt des Krakauer Bildhauers Martin Bielawski stammende Schrein der hl. Hedwig aus schwarzem Dembniker Marmor, die Einzelausführungen aus rosarotem Paczoltowitzer Marmor gestaltet. Die Bildhauerarbeiten an den Sockeln und am Geländer stammen von dem schlesischen Meister Franz Zeller. Das hölzerne Schmuckwerk am Baldachin stammt aus der Werkstatt des Leubuser Schnitzers Matthias Steinl. Die Alabasterfigur der hl. Hedwig wurde erst gegen 1750 von Franz Josef Mangoldt angefertigt.
um 1685	—	fertigt Jakob Bielawski, der Sohn des zuvor genannten Martin Bielawski, das Doppelgrab im Presbyterium, in dem Herzog Heinrich I. der Bärtige (gest. 1238) und Konrad von Feuchtwangen, der zehnte Hochmeister des Deutschen Ordens, (gest.1296) beigesetzt werden.
1685	—	wird im frühbarocken Stil die sog. „polnische Kanzel" in der Hedwigskapelle aufgestellt. Sie heißt so, weil hier regelmäßig in polnischer Sprache gepredigt wurde.
1697–1726	—	entsteht in einer Abmessung von 115 x 88 m die derzeitige, quadratisch angelegte Klosteranlage.
1701	—	wird vor der Johanneskapelle ein barockes Gitter angebracht. Es gilt als ausdrucksvolles Werk schlesischer Schmiedekunst.

um 1730	—	wird mit der Ausführung des barocken Hauptaltars in der Hedwigskapelle mit einem Bild Theodor Hammachers (1653) begonnen.
1739–1745	—	wird die Kanzel an der Nordseite des Mittelschiffes durch Franz Josef Mangoldt gestaltet.
um 1747	—	wird der Hauptaltar im Presbyterium durch Franz Josef Mangoldt gefertigt. Die Altarbilder sind ein Werk des niederländischen Meisters Phillip Christian van Bentum.
1754	—	werden auf Veranlassung der Äbtissin Bernarda Paczyńska auf der gegenüberliegenden Straßenseite drei Verwaltungsgebäude errichtet, von denen nur eines erhalten blieb, das heute den Salvatorianern als Pfarr- und Ordenshaus dient.
1780–1785	—	wird nach Plänen des Breslauer Architekten Gottlieb Daene der Kirchturm gestaltet. Die Turmbasis misst 10 m x 10 m, der Turm selber erstreckt sich über drei Stockwerke.
1800	—	wird in der Johanneskapelle eine Polychromie mit Bildern aus dem Leben der hl. Hedwig durch den Maler Grund aus Bad Reinerz ausgeführt.
1810	—	wird das Zisterzienserinnenkloster durch die preußische Regierung aufgehoben.
1813	—	wird in den Klostergebäuden ein Kriegsgefangenenlager und später ein Lazarett untergebracht.
1817–1857	—	nutzt eine Wollspinnerei einen Teil der Gebäude.
1818	—	wird die Abteikirche zur Pfarrkirche, vom Diözesanklerus betreut.
1870	—	kaufen die Malteserritter den Südflügel des Klosters und richten darin ein Hospital ein. Die Krankenpflege übernehmen die Barmherzigen Schwestern vom hl. Karl Borromäus (Borromäerinnen).
1889	—	erwerben die Schwestern den Nordflügel und richten diesen für ihre Zwecke her. Nachdem die Malteser den Südflügel wieder verlassen haben, erwerben die Schwestern auch diesen und führen das Hospital fort.
1943	—	erhält die Kirche anlässlich des 700. Todestages der hl. Hedwig den Titel „Basilica minor".
25. August 1945	—	die Salvatorianer übernehmen die Pfarr- und Wallfahrtsseelsorge in Trebnitz.
1964–1965	—	werden während der Malerarbeiten im Kircheninneren auch die barocken Altäre und Ausschmückungen durch Marian Najder aus Krakau neu vergoldet.
1978–1981	—	wird neben der Basilika ein Exerzitienhaus und Pilgerheim errichtet. In einem angeschlossenen Museum wird eine ständige Ausstellung zur Geschichte der Hedwigsverehrung gezeigt. (Muzeum kultu św. Jadwigi Śl.)
1982	—	beginnen unter der Leitung von Prof. J. Rozpędowski in der Kirche und im Kloster umfassende Restaurierungsarbeiten. In einer mit der Krypta verbundenen Totengruft werden dem Besucher einzelne romanische und gotische Skulpturen, die im Zuge der Restaurierungsarbeiten entdeckt bzw. zusammengetragen wurden, gezeigt.

*Panorama Trebnitz' von Nordosten.
Ansichtskarte aus dem Jahre 1940.*

1984	—	beginnen in jenem Teil des ehemaligen Klostergebäudes, in dem damals noch das städtische Krankenhaus untergebracht war, generelle Restaurationsarbeiten sowohl an der Befestigung der Grundmauern als auch am ganzen Objekt.
1986–1988	—	werden Konservierungsarbeiten am Kirchturm der Basilika durchgeführt.
1992–1993	—	wird aus Anlass des 750. Sterbetages der hl. Hedwig (am 14. Oktober 1243) das Jubiläumsjahr zu Ehren der hl. Schutzpatronin Schlesiens gefeiert.
1993	—	werden Konservierungsarbeiten an der Säule des hl. Johannes Nepomuk auf dem Platz vor der Basilika durchgeführt.
1994	—	werden die Restaurierungsarbeiten an der Außenfassade jenes Teils des ehemaligen Klostergebäudes abgeschlossen, in dem damals noch das städtische Krankenhaus untergebracht war.
25. Dezember 1994	—	in der seit 1945 zweckentfremdeten protestantischen Pfarrkirche St. Peter feiert Dechant P. L. Bochenek SDS nach Beendigung der Renovierungsarbeiten erstmals wieder einen Gottesdienst.
18. Dezember 1995	—	die von den Borromäerinnen geleitete Heil- und Pflegeanstalt St. Hedwig für ältere Frauen wird eröffnet.
Am 30. Januar 1996	—	stirbt der langjährige Trebnitzer Pfarrer und Dechant, der Salvatorianerpater Laurentius Kasimir Bochenek (geboren 1915) und wird am 3. Februar in der Hedwigskapelle der Basilika beigesetzt.
4. Februar 1996	—	es werden wieder tägliche Gottesdienste in der Peterskirche gefeiert.
1997	—	werden von Dechant P. Jan Dragosz SDS umfassende Renovierungsarbeiten an der Basilika eingeleitet, die von Juni bis Oktober andauern. Es werden Risse im Deckengewölbe behoben, die Innenwände neu geweißelt und die Außenfassade der Basilika erneuert.
6. Dezember 1998	—	nach erfolgter Renovierung konsekriert der Erzbischof von Breslau, Henryk Kardinal Gulbinowicz, die lange Zeit zweckentfremdete ehemals protestantische Pfarrkirche St. Peter. Knapp ein halbes Jahr später, am 25.06.1999, wird die neue Pfarrgemeinde St. Peter und Paul erigiert.
2000	—	wird das von Philipp Christian van Bentum gemalte Hauptaltarsbild „Mariä Himmelfahrt" aufwendig restauriert.
15. Oktober 2000	—	im Rahmen der Feierlichkeiten zum Hedwigsfest wird ein im Freien stehender Pilgeraltar durch den Erzbischof von Breslau, Henryk Kardinal Gulbinowicz, eingeweiht.
2001	—	wird das von Philipp Christian van Bentum gemalte Bild „Hl. Dreifaltigkeit" aufwendig restauriert.
2001	—	wird eine Gedenktafel mit dem Text in Latein, Deutsch und Polnisch angebracht. Der segnende Heiland hat hier der hl. Hedwig seinen Segen erteilt.
14. Oktober 2001	—	Kardinal Henryk Gulbinowicz weiht eine Gedenktafel mit der Inschrift „2000 Jahre Christentum, 1000 Jahre der Erzdiözese Breslau und 100 Jahre Bestehen der Salvatorianer in Polen" ein.
2001	—	wird eine spezielle Beleuchtung des Altarraumes und des St. Hedwigsarkophags installiert.
8. Dezember 2001	—	wird eine aus Fatima mitgebrachte Muttergottesfigur feierlich in der Basilika inthronisiert.
2002	—	werden die 14 Kreuzwegstationen, ein Werk des Wiener Malers Joseph Marcell aus den Jahren 1848–1850, renoviert.
2002	—	wird der Altarraum mit neuen Sedilien, Priestersitzen, Stühlen für die Messdiener und mit Teppichen ausgestattet.
2002	—	Feier des 800jährigen Gründungsjubiläums des Trebnitzer Klosters.

1. Gesamtansicht der ehem. Klosteranlage der Zisterzienserinnen mit Kirche, Klostergebäuden (jetzt Kloster der Borromäerinnen) sowie dem Salvatorianer-Kolleg und dem Pfarrhaus St. Hedwig.

2. Ansicht Trebnitz' von Nordosten – vom Weinberg aus. Im Vordergrund die Stelle der 1987 gefundenen Spuren menschlicher Besiedlung aus der Altsteinzeit (Paläolithikum) (ca. 500.000 Jahre v. Chr.).

3. Kirche St. Maria, St. Bartholomäus und St. Hedwig (seit 1943 Basilika minor), Ansicht vom Westen auf die Turmfassade (1780/85) von Gottlieb Daene. Rechts Teile des ehem. Zisterzienserinnenklosters (1696–1726) mit dem Äbtissinnenpalais.

4. Ansicht der Basilika St. Maria, St. Bartholomäus und St. Hedwig vom Osten, mit der romanischen Apside der Johanneskapelle (rechts), der romanischen, barock umgebauten Chorapsis (Mitte) und der gotischen Kapelle St. Hedwig (links).

5. Frühgotisches Tympanon, gen. Davidstympanon (um 1220) im Portal des nördlichen Seitenschiffes. Die im Stein dargestellte Szene zeigt den biblischen König David, der vor der Königin Bethsabee und ihren Hofdamen auf der Rotta spielt.

6. Frühgotisches Portal (um 1220) der nördlichen Vierung (von der Johannes Paul II – Straße gesehen). Das Steinrelief auf dem Tympanon stellt die von Engeln verehrte Maria mit dem Jesuskind dar.

7. Blick auf Trebnitz vom Turmhelm der Klosterkirche. Auf der Eisenbalustrade sind Wappen der schlesischen Herzöge und der Herzöge von Andechs-Meran angebracht.

8. Barocker Haupteingang zur Kirche (um 1695), verziert mit Medaillons mit Bildnissen Christi und Mariä sowie den Büstenpfeilern der Hll. Bartholomäus, Petrus und Paulus (?); darüber ein Medaillon mit der hl. Hedwig sowie das Auge Gottes (oben).

9. Innenansicht des Langhauses von Westen. Zu sehen sind die frühgotischen Gewölbe (um 1214–1220) und die barocke Raumgestaltung (um 1741–1745).

10. Ansicht des Langhauses von der Orgelempore aus, hinten der Hauptaltar im Chorraum.

11. Ansicht des nördlichen Seitenschiffes nach Osten, vorne der Altar St. Antonius von Padua (2. Hälfte des 18. Jhs.) mit einem Gemälde (1846) von Raphael Schall.

12. Johanneskapelle (um 1203/14). Im Vordergrund das leere Grab (Kenotaph) der hl. Hedwig. Die Heiligenfigur stammt von Franz Georg Zeller (?) (1679/80) und liegt auf der Grabtumba von 1897. Im Hintergrund das barocke Gitter (1701) und Wandmalereien aus dem 18. Jahrhundert, die um 1800 vom Landecker Maler Grund und nochmals im 20. Jahrhundert restauriert wurden.

13. Spätbarocker Marienaltar mit den Statuen dreier Erzengel (um 1750) von Franz Joseph Mangoldt. Gegenwärtig befindet sich im Hauptaltar ein zeitgenössisches Gemälde der Gottesmutter von Tschenstochau.

14. Spätbarocke Kanzel im Hauptschiff, auf dem Baldachin eine Erlöserfigur (um 1750) von Franz Joseph Mangoldt.

15. Die Kanzel ist mit einem Flachrelief mit der Szene „Christus im Haus von Maria und Martha", einem Werk von Franz Joseph Mangoldt, geschmückt.

16. Barockaltar St. Bartholomäus (um 1745/50) von Franz Joseph Mangoldt, mit dem Gemälde „Martyrium des hl. Bartholomäus" (um 1685) von Michael Leopold Willmann vom ehem. Hauptaltar.

17–18. „Verwandlung von Wasser in Wein im Becher der hl. Hedwig" sowie „Wunder mit der Kerze, die das Gebetbuch der hl. Hedwig nicht zerstört" (um 1670) von Michael Leopold Willmann; zwei der 20 Gemälde, die von Abt Arnold Freiberger von Leubus für das Trebnitzer Kloster in Auftrag gegeben wurden.

19. St. Hedwig als Verehrerin der Muttergottes, Helferin der Armen und Patronin der Trebnitzer Kirche – Figurengruppe (um 1745/47) von Franz Joseph Mangoldt, aufgestellt auf der nördlichen Seite des Triumphbogens.

20. St. Elisabeth (Nichte der hl. Hedwig, Gattin Landgraf Ludwigs von Thüringen) als Helferin der Kranken und Armen – Figurengruppe (um 1745/47) von Franz Joseph Mangoldt, aufgestellt an der südlichen Seite des Triumphbogens.

21. Hauptaltar (um 1747/48) von Franz Joseph Mangoldt mit den Gemälden „Himmelfahrt Mariä" und „Hl. Dreifaltigkeit" (1748) von Philipp Christian van Bentum. Im unteren Teil des Altars Standbilder der Hll. Bartholomäus, Johannes Baptist, Johannes Evangelist und Judas Thaddäus; im oberen Teil heilige Zisterzienserinnen und Engel.

22. Barocke Grabmäler des Herzogs Heinrich I. des Bärtigen (†1238) und des Deutschordenshochmeisters Konrad von Feuchtwangen († 1296) im Chor der Kirche (um 1685), in der Krakauer Werkstatt von Jakob Bielawski angefertigt – Ansicht der oberen Grabplatten.

23. Gotisches Tympanon mit der Marienkrönung (um 1270) in der Hedwigskapelle, im Portal des Durchgangs zwischen Kapelle und Chorraum.

24. Gotisches Tympanon mit der Kreuzigungsszene (um 1270) im Chorraum, über dem Durchgang zur Hedwigskapelle.

25. Gotische Hedwigskapelle (um 1269/75) mit dem barocken Grabmal der Heiligen (1679/80) von Martin Bielawski (Architektur), Franz Georg Zeller (Sockelstandbilder und Balustrade) sowie Matthias Steinl (Bekränzung des Baldachins). Gestiftet wurde das Grabmal von der Äbtissin Christina Katharina von Würben-Pawlowska.

26. Gotische Hedwigskapelle, Blick auf die Vierung mit den barocken Nonnenemporen (um 1745) von Franz Joseph Mangoldt. Zur Linken eine frühbarocke Kanzel, die sog. „Polnische Kanzel", gestiftet 1685 von der Äbtissin Christina Katharina von Würben-Pawlowska.

27–28. Grabfigur der hl. Hedwig aus Alabaster (um 1750/51) von Franz Joseph Mangoldt.

29. Grabmedaillon der Herzogin Karoline, der letzten Piastin († 1707), auf der Balustrade des Hedwigsgrabmals, über ihrem Grab und am Fuße der von ihr verehrten Patronin der Dynastie angebracht. Gestiftet wurde es (um 1708) vom Sohn der Verstorbenen, dem Herzog Leopold von Holstein-Sonderburg.

30. Statuen des Erlösers und zweier Evangelisten von der sog. „Polnischen Kanzel" (1685) in der Hedwigskapelle. Von dieser Kanzel wurden Predigten für Pilger, u. a. in polnischer Sprache, gehalten.

31. Das Innere der Hedwigskapelle. Der Hauptaltar, eine Stiftung der Äbtissin Sophia Anna Korycińska (um 1730/33), ist mit den Standbildern der sel. Humbelina und der Hll. Bernhard von Clairvaux, Benedikt, Scholastika sowie einer Krönung- Mariä-Gruppe, der Hll. Anna und Sophia geschmückt. Das Gemälde „St. Hedwig" stiftete (1653) die Nonne Margarethe Benedikta Rayska.

32. Barockaltäre an der Nordwand der Hedwigskapelle. Rechts der Annenaltar (1733) mit dem Gemälde „Anna Selbdritt" von Felix Anton Scheffler, links der Bernhardsaltar (um 1750) von Franz Joseph Mangoldt mit dem Gemälde „Vision des hl. Bernhard von Clairvaux" von Philipp Christian van Bentum.

33. Benediktsaltar an der südlichen Wand der Hedwigskapelle (um 1750) von Franz Joseph Mangoldt mit dem Gemälde „Tod des hl. Benedikt" von Philipp Christian van Bentum.

34. Gotisches Gemälde „Madonna mit Kind" (um 1450) vom Breslauer Meister des Barbaraaltars, im Benediktsaltar der Hedwigskapelle.

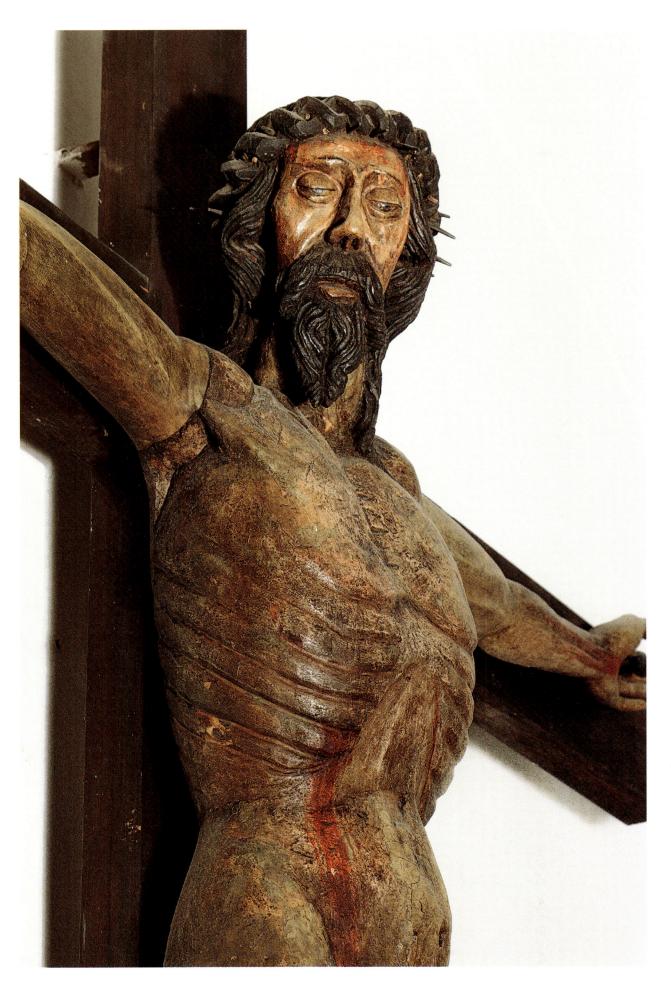

35. Gotische Figur des gekreuzigten Christus (um 1400). Sie stammt vermutlich vom Triumphkreuz, das sich einst im Chor befand. Heute hängt sie im südlichen Querschiff.

36. Äbtissinnenthron (um 1745) von Franz Joseph Mangoldt (?), aufgestellt im südlichen Querschiff, unter der Nonnenempore. Die dargestellte Gruppe zeigt ein Ereignis aus der „Vita sanctae Hedwigis" in legendenhafter Weise: Christus senkt die rechte Hand zu einer Ordensfrau herab.

37. Barocke Sakristei der Klosterkirche, Anfang 18. Jahrhundert.

38. Romanisches Rauchfass aus einer Regensburger Werkstatt, Anfang 13. Jh., gegen Ende des 18. Jahrhunderts restauriert. Darauf Darstellungen personifizierter Paradiesflüsse, die Namen der Jünglinge aus dem Feuerofen (Buch Daniel 3, 8), die Symbole der Evangelisten und das Himmlische Jerusalem.

39. Reliquienkreuz (um 1640–50) von Johann Brożek aus Posen; in der Mitte des Kreuzes ein Zahn eines unbekannten Heiligen in gotischer Goldfassung und Kreuzpartikel, in den Kreuzarmen Reliquien der hl. Hedwig.

40. Barocke Monstranz mit den Hll. Petrus und Paulus (1697) von Christian Menzel d. Ä. – gestiftet von der Äbtissin Christina Katharina von Würben-Pawlowska für die Peter- und Paulskirche in Trebnitz, jetzt in der Klosterkirche.

41. Weihnachtskrippe – gestiftet von der Äbtissin Hedwig Magdalene Pruszak (Bieniewska) (1665), geschaffen von Paul Hedelhofer d. J.; die Tonfigur des Christkindes ist älter, sie stammt aus der Wende des 15. und 16. Jahrhunderts (aus der Sammlung der Basilika).

42. Fassung des Hedwigsglases (1653) von einem Breslauer Goldschmied mit den Initialen H. P. (aus den Sammlungen der Basilika).

43. Renaissance-Kopfreliquiar der hl. Hedwig (1553) von Lorenz Westermehr (?), gekrönt mit einem barocken Herzogshut (um 1730) von Johann Klinge (aus der Sammlung der Basilika).

44. Rekonstruktion des Kopfes der hl. Hedwig (1993) von Prof. Zbigniew Rajchel anhand anthropologischer Schädeluntersuchungen – ausgestellt im Hedwigskult-Museum.

45. Spätromanische St. Bartholomäus-Krypta unter dem Kirchenchor (um 1203/14); in der Mitte Grabplatte des Herzogs Konrad II. von Oels (†1403), 1409 von Meister Heinrich aus Frankenstein hergestellt.

46. Ehem. Nonnengruft unter der Vierung (um 1745); in den Jahren 1984–1987 zum Lapidarium romanischer Bildhauerkunst umgestaltet.

47. Zisterziensernonnen während des Chorgebets. Fragment einer Archivolte vom spätromanischen Westportal (um 1220) – dem Haupteingang zur Kirche, an dessen Stelle später der Turm gebaut wurde (jetzt im Lapidarium).

48. „Kampf des Guten gegen das Böse", spätromanisches Kapitell (um 1220) (jetzt im Lapidarium).

49. Martyrium des hl. Bartholomäus – Fragment einer spätromanischen Archivolte vom spätromanischen Westportal (um 1220) (jetzt im Lapidarium).

50. Fragment eines Gewölbeschlusssteins mit der Darstellung von vier miteinander verbundenen Gestalten (um 1220) (jetzt im Lapidarium).

51. „Aufsetzung der Dornenkrone und Verspottung Christi" – Überreste der spätromanischen Kirchenausstattung (jetzt im Lapidarium).

52. Gesamtansicht der ehem. Zisterzienserinnenabtei von Südosten.

53. Park am Klostergelände vor dem Westflügel der Klostergebäude.

54. Westflügel der Klosteranlage mit dem Haupteingang – Blick nach Norden; im klosternahen Park wurden die Statuen Pietà und St. Johannes Nepomuk (1724) von Johann Jakob Hauser aufgestellt, die ursprünglich von der heute nicht mehr vorhandenen Brücke in der Nähe des Klosters stammten.

55. Hauptportal des Klosters (im Westflügel) (um 1724), darüber ein Hedwigsrelief, verziert mit den Statuen der Herzöge Heinrich I. des Bärtigen und Heinrich II. des Frommen von Johann Jakob Hauser.

56. Pietà (1724) von Johann Jakob Hauser. Ursprünglich zierte sie ein Brückengeländer, das sich einst an der Südseite des Klosters befand; jetzt vor dem Westflügel der Klosteranlage.

57. Standbild Herzog Heinrichs I. des Bärtigen von Johann Jakob Hauser vor dem Westportal der Klosteranlage.

58. Eingangsportal zur ehem. Äbtissinnenresidenz im Nordflügel der Klosteranlage (1724) von Johann Jakob Hauser. Im Portalsturz Statuen der Muttergottes, der Hll. Hedwig und Anna, an den Eingangsseiten Statuen der sel. Humbelina und der hl. Scholastika.

59. Innenhof des Klosters (1696–1726) mit Blick auf den Turm und den Dachreiter (im Hintergrund).

60. Hedwigsstatue auf dem Innenhof der Klosteranlage (1894).

61. Neubarockes Portal der Kapelle des Borromäerinnenklosters im Nordflügel der Anlage, darüber eine Statue Gottvaters (1928) von Bruno Tschötschel.

62. Kreuzgang (1696–1726).

63. Hauskapelle der Borromäerinnen, 1928 im umgebauten Nordflügel der Klosteranlage eingerichtet. Die neubarocke Ausstattung stammt von Bruno Tschötschel.

64. Wandelgang über dem Kreuzgang mit den ehemaligen Nonnenzellen und Porträts der Äbtissinnen des Zisterzienserinnenklosters.

65. Borromäerinnenkapelle innerhalb der Klausur; neubarocker Altar der Hl. Familie (um 1928) von Bruno Tschötschel.

66. Teile des geschnitzten Kreuzwegs in der Kapelle des Borromäerinnenklosters (um 1928) von Bruno Tschötschel.

67. Speisesaal der Krankenpflegeanstalt St. Hedwig im Borromäerinnenkloster, welche seit 1995 von den Schwestern im Südflügel der Klosteranlage betrieben wird.

68. Gotische Hedwigsstatue (um 1450), ursprünglich in der Klosterkirche, jetzt im Hedwigskult-Museum.

69. Feierliche Weihe des Feldaltars auf dem Pilgerplatz, einer Gabe der Trebnitzer, der anlässlich des Jubeljahres 2000 und der Tausendjahrfeier des Breslauer Bistums (15. Oktober 2000) errichtet wurde.

70. Prozession mit Hedwigsreliquien während der Jubeljahrfeiern (15. Oktober 2000).

71. Kreuzwegstationen im Buchenwald, 1734 von der Äbtissin Sophia Anna Koryciński angelegt, im 19. und 20. Jahrhundert renoviert.

72. Neogotische Kirche zu den Vierzehn Nothelfern im Buchenwald, 1886 von Hubert Jantke am Standort einer mittelalterlichen Kapelle errichtet.

73. Denkmal Papst Johannes Pauls II., 1996 auf dem Kirchenvorplatz errichtet.

74. Trebnitzer Rathaus aus dem Jahre 1868, errichtet auf der Stelle seiner Vorgängerbauten aus den Jahren 1605 und 1730. Nach Kriegszerstörungen 1957–1959 wiedererrichtet.

75. Bürgerhaus am Ring aus dem 18. Jahrhundert, ältestes erhaltenes Beispiel der Trebnitzer Wohnbebauung.

76. Neugotische Pfarrkirche Peter und Paul, errichtet anstelle einer romanischen Vorgängerkirche aus der 1. Hälfte des 13. Jahrhunderts. Turm teilweise gotisch (15. Jh.), Kirchenschiff und -chor von 1855.

77. Die sog. „Rotunde der Fünf Tische" im Ostteil der Stadt. Sie entstand vermutlich anstelle eines Leprosenhauses, das laut Überlieferung von der hl. Hedwig gegründet wurde. Die Rundmauer wurde zwischen 16. und 18. Jahrhundert errichtet.

78. Gedenkstein mit einer Tafel (1996), die an den nicht mehr existierenden Deutschen Friedhof an der ehem. Berg-Straße (jetzt ul. Obrońców Pokoju) erinnert.

79. Jugendstilhäuser (um 1900) an der ehem. Breslauer Straße (jetzt ul. Księdza Wawrzyńca Bochenka).

80. Das alte Kurhaus St. Hedwig (1887–1888) an der ehem. Buchenwaldstraße (jetzt ul. Leśna), heute Rehabilitationszentrum.

81. Barocke Hedwigskapelle im Süden der Stadt (auf dem Weg von Breslau), um 1700; laut Überlieferung wurde sie an einem Ort errichtet, an dem sich die hl. Hedwig ausgeruht hatte.